BEI GRIN MACHT SICH IHR WISSEN BEZAHLT

- Wir veröffentlichen Ihre Hausarbeit, Bachelor- und Masterarbeit

- Ihr eigenes eBook und Buch - weltweit in allen wichtigen Shops

- Verdienen Sie an jedem Verkauf

Jetzt bei www.GRIN.com hochladen und kostenlos publizieren

Stakeholder-Theorie und Utilitarismus, Globe-Studie, Unternehmenskultur und Lernkultur

Unternehmenskultur und Wirtschaftsethik

Bibliografische Information der Deutschen Nationalbibliothek:

Die Deutsche Nationalbibliothek verzeichnet diese Publikation in der Deutschen Nationalbibliografie; detaillierte bibliografische Daten sind im Internet über http://dnb.d-nb.de abrufbar.

ISBN: 9783346521231
Dieses Buch ist auch als E-Book erhältlich.

Das Buch bei GRIN: https://www.grin.com/document/1143551

EINSENDEAUFGABE

SONDERPRÜFUNG

Modul Unternehmenskultur und Wirtschaftsethik

Alternative C

Studiengang: B.Sc. Wirtschaftspsychologie

Modul: Unternehmenskultur und Wirtschaftsethik

Abgabe am: 07.09.2021

Inhaltsverzeichnis

Abbildungsverzeichnis

1 Vereinbarkeit von Stakeholder-Theorie und Utilitarismus

Der Stakeholder-Ansatz fordert, dass Unternehmen nicht nur die Interessen der Anteilseigner, sondern aller Anspruchsgruppen zu berücksichtigen haben. Inwieweit sind die Ansätze der Pflichtenethik sowie des Utilitarismus mit der Stakeholder-Theorie vereinbar? Im ersten Kapitel dieser Arbeit wird darauf eingegangen, inwiefern die zwei unterschiedlichen Perspektiven unterschiedliche Verpflichtungen gegenüber den Interessengruppen nahelegen würden.

1.1 Die Stakeholder-Theorie

Bei einer literaturbasierten Suche nach der Stakeholder-Theorie wird auf einen umfassend dokumentierten und diskutierten Ansatz gestoßen. Viele Forschungsansätze beschreiben, wie Stakeholder Engagement umzusetzen ist. Von bedeutender Relevanz sind insbesondere die Forschungsfelder „normative Theorien der Wirtschaft", „Firmen-, Governance- und Organisationstheorie", „soziale Verantwortung der Unternehmen und Leistung" und „strategisches Management" (Freeman, 2010). Andere Autoren kategorisieren den Stakeholder-Ansatz wie folgt: deskriptive Stakeholder Theorie, instrumentelle Stakeholder Theorie und die normative Stakeholder Theorie (vgl. Donaldson & Preston, 1995; Poeschl, 2013).

Nach Poeschl (2013, S. 130) zielt der deskriptive Ansatz darauf ab, die unternehmerische Realität und die Beziehungen der Unternehmen zu ihren Anspruchsgruppen abzubilden und zu erklären, soweit möglich. Stakeholder Engagement wird in einer instrumentellen Perspektive als ein Schritt zum Erreichen der Unternehmensziele betrachtet, wie beispielsweise Steigerung der Rentabilität oder des Marktanteils (Donaldson & Preston, 1995; Poeschl, 2013). Im normativen Ansatz sind moralische bzw. philosophische Managementgrundsätze von Bedeutung, wobei der Zusammenhang zwischen Stakeholder Engagement und wirtschaftlicher Leistung eines Unternehmens außen vor bleibt (Donaldson & Preston, 1995). Strategien, die dem normativen Ansatz folgen, werden auf Grundlage von ethischen Prinzipien hergeleitet (Altenburger & Mesicek, 2016, S. 16).

Freeman (2010) definiert Stakeholder als jede Person oder Gruppe, die von einem Unternehmen beeinflusst wird, oder die Ziele eines Unternehmens beeinflussen kann.

Die heterogene Gruppe der Stakeholder kann somit u.a. Arbeitnehmer, Kunden, Lieferanten, den Staat und die Öffentlichkeit umfassen (Breuer, Breuer & Seyfriedt, 2018). Nach Breuer et al. (2018) wäre ein Unternehmen ohne die Unterstützung der Stakeholder nicht überlebensfähig. So baut der Stakeholder-Ansatz darauf auf, dass nicht nur die Interessen der Anteilseigner (Shareholder), sondern auch die der Anspruchsgruppen (Stakeholder) berücksichtigt werden (Breuer et al., 2018).

Fassin (2009) wie auch Phillips, Freeman und Wicks (2003) legen dem Stakeholder-Ansatz das simplistische Modell zugrunde, das in der nächsten Abbildung dargestellt ist. Mittelpunkt des Modells ist dabei das Unternehmen, das von den Anspruchsgruppen umgeben ist. Die Autoren gehen dabei davon aus, dass das Management und die Einbildung der Stakeholder für den Unternehmenserfolg ausschlaggebend sind (Fassin, 2009; Phillips et al., 2003). Um den Erfolg eines Unternehmens zu gewährleisten, stellen Stakeholder nicht nur wirtschaftliche, sondern auch ethische und moralische Ansprüche. Eine wertorientierte Unternehmensstrategie wird damit essenziell (Tokarski, 2008). Im Folgenden werden die Begriffe „Moral" und „Ethik" kurz erläutert, um sodann zwei ethische Ansätze, die Pflichtethik und den Utilitarismus, im Zusammenhang mit dem Stakeholder-Ansatz aufzuzeigen.

Abbildung 1: Stakeholder Modell nach Freeman (2010)
(Quelle: Freeman, 2010)

1.2 Begriffsklärungen Ethik und Moral

Moral und Ethik werden oft in einem Zusammenhang verwendet, wobei die Abgrenzung teilweise nicht sehr eindeutig ist. Ethik (griechisch „ethos" = Sitte, Brauch und „ethikos"= sittlich) ist die Lehre vom sittlichen Verhalten des Menschen und wird auch als Sittenlehre bezeichnet (Digitales Wörterbuch der deutschen Sprache [DWDS], 2021). Als Teildisziplin der praktischen Philosophie untersucht Ethik die Frage nach den Maßstäben für gutes und gerechtfertigtes Handeln. Sie hinterfragt als Lehre die herrschende Moral und sucht nach Ansätzen, wie Menschen richtig handeln sollen (Friske, Bartsch & Schmeisser, 2005). Seit der Antike haben philosophische Schulen (von Aristoteles bis Kant) verschiedene ethische Systeme entwickelt. Dennoch existiert bis heute kein einheitlicher Maßstab dafür, was ethisch ist und was nicht (Brink & Karitzki, 2004).

Der Begriff „Moral" (lateinischen „mos") bedeutet Sitte. Die Gesamtheit aller Normen und Regeln, die in einer Gesellschaft gelten, werden als Moral verstanden (Brink & Karitzki, 2004). Moral basiert auf traditionellen Vorstellungen von gutem oder schlechtem Handeln. Sie spiegelt sich in den Sitten und Gebräuchen einer Gemeinschaft wider (Friske et al., 2005).

1.3 Die Pflichtenethik

Ethische Ansätze aus der Philosophie lassen sich auch auf wirtschaftliche Aspekte übertragen, beispielsweise die Pflichtethik und der Utilitarismus. Die Pflichtenethik ist insbesondere durch den deutschen Philosophen Immanuel Kant (1724-1804) geprägt (Göbel, 2017). Kant (2020) beschäftigt sich in seiner Metaphysik der Sitten mit der sogenannten praktischen Vernunft. Kernpunkt seiner Theorie ist die Vernunft, durch die es dem Menschen gelingt, sich z.B. von Trieben, Wünschen und bloßen Ansichten zu befreien. Hieraus hat er seine deontologische (Pflicht) Ethik entwickelt, die den Menschen in praktischer Hinsicht leiten soll (Kant, 2020).

Nach den Grundsätzen der Pflichtethik ist eine Handlung dann gut, wenn alle Voraussetzungen, die zu diesem Handeln geführt haben als moralisch gut bewertet werden können (Göbel, 2017). Nach Kant kann ein Handeln dann moralisch gut bewertet werden, wenn es einer (1) autonom gewählten, (2) universell gültigen, (3) formellen und

(4) kategorischen Maxime zugrunde liegt (Holzmann, 2019). In Kants Theorie bleiben die Folgen des Handelns unberücksichtigt (Göbel, 2017).

Die Maximen, nach denen ein Individuum sein Handeln ausrichten kann, sind zum einen der praktische Imperativ und zum anderen der kategorische Imperativ.

„Handle so, dass Du die Menschheit, sowohl in deiner Person, als in der Person eines jeden anderen, jederzeit zugleich als Zweck, niemals bloß als Mittel brauchest." (Göbel, 2017, S. 146)

„Handle nur nach derjenigen Maxime, durch die du zugleich wollen kannst, dass sie ein allgemeines Gesetz werde." (Holzmann, 2019, S. 44)

Nach Kants praktischen Imperativ ist der Zweck des eigenen Handelns, Gutes zu tun, zumindest aber niemandem zu schaden. Bei jeder Handlung bzw. jedem Verhalten (was auch das Zulassen und Nichthandeln einschließt), sollte auf die Wirkung auf andere Menschen geachtet werden. Einem Unternehmen sollte beispielsweise bewusst sein, welche Wirkungen ihre Produkte auf den Kunden haben. So dient ein Kunde im übertragenen Sinne nicht nur als Geld(mittel) zur Generierung von Gewinn. Es sollte zweckmäßig darauf geachtet werden, was auch gewinnbringend für den Kunden ist und auf z.B. Schadstoffe in Produkten zu verzichten. Zudem ist nach Kant der praktische Imperativ immer auch auf sich selbst bezogen. So sollte man sich selbst nicht nur als Mittel, sondern auch als Zweck betrachten. Ein Manager soll also z.B. nicht seiner Gesundheit schaden, um seine Karriereziele zu erreichen (Conrad, 2020).

Beim kategorischen Imperativ geht es um die Frage der Konsistenz einer Handlung. Hier fehlt ein inhaltlich bestimmter Zweck, auf den man sich berufen könnte, weshalb nur die Form des Gesetzes, seine Allgemeinheit übrigbleibt. Genauer gesagt muss ein Mensch die Maximen eines Handelns – d. h. die selbstgesetzten Regeln seines Handelns – auch dann noch wollen können, wenn sie allgemein – also von jedermann – angewendet werden. Die Maxime des Handelns ist nur dann moralisch zulässig, wenn sie „verallgemeinerbar" ist. Entgegen dem kategorischen Imperativ würde ein Verhalten gehen, in dem man z.B. jemanden anlügt, wenn man selbst nicht angelogen werden möchte. Ein Unternehmen, das Menschen lediglich als billige Produktionskräfte betrachtet, ohne dass sie menschenwürdig leben können, widerspricht ebenfalls dieser Maxime (Renz, Frischherz & Wettstein, 2015).

Wie bereits erwähnt bleiben Handlungsfolgen in der Pflichtenethik ungeachtet, was ein Problem darstellt (Göbel, 2017; Renz et al., 2015). Gemäß der Pflichtenethik dürfte ein Polizist, der die Möglichkeit hat, einen Terroristen mit einem gezielten Schuss außer Gefecht zu setzen (und dabei wahrscheinlich auch zu töten), um dadurch vielen Menschen das Leben zu retten, dies nicht tun (Holzmann, 2019). Um nicht gegen das Gebot des Lügens zu verstoßen, müsste man streng genommen nach der Pflichtenethik agierend, einem Gewalttäter das Versteck des potentiellen Betroffenen verraten (Renz et al., 2015). Dahingehend wird bewusst, dass die Maximen im Alltag nur schwer umzusetzen sind, da sie sehr hohe und teilweise nicht zu bewältigende Ansprüche an jeden einzelnen Menschen stellen (Holzmann, 2019).

1.4 Der Utilitarismus

Der Utilitarismus (lat. utilis: nützlich) ist eine spezielle Form der teleologischen (griech. telos: Ziel/Zweck) Ethik. Als Begründer gelten die beiden Philosophen Jeremy Bentham (1748-1832) und John Stuart Mill (1806-1873). Das oberste Prinzip der Theorie ist das Utilitäts- oder Nützlichkeitsprinzip (Schwendemann, Trillhaas, Geiler & Gottschalk, 2017). „The greatest happiness principle" (Bentham, Burns & Hart, 1988, S. 3) – Eine Handlung ist dann moralisch gut, wenn sie das größtmögliche Glück für die größtmögliche Anzahl von Menschen zur Folge hat. Es gilt somit der Maßstab „Minimiere Leiden – maximiere Freuden" (Bentham et al., 1988). Gemäß dem Utilitarismus ist eine Handlung moralisch richtig, nicht, weil ein Gesetz oder Gebot befolgt wird, sondern, weil das Glück der Gesellschaft maximiert bzw. das Leid minimiert wird (Küpper, 2018). Es ist also wichtig, dass eine Entscheidung nicht dem Prinzip des Eigennutzes (Egoismus) folgt, sondern immer auf die Gesellschaft bezogen wird (Schüz, 2017).

Da dieser Ansatz versucht, die guten Folgen einer Handlung gegen die schlechten abzuwägen, sollte demnach die Entscheidung gewählt werden, aus der sich die besten Konsequenzen ergeben (Noll, 2013). Eine Entscheidung kann aufbauend auf den vier Grundprinzipien getroffen werden (Anzenbacher, 2012):

- Das Konsequenzprinzip (teleologisches Prinzip): Handlungen werden aufgrund ihrer Folgen beurteilt.

- Das <u>Utilitätsprinzip</u> (Nutzenprinzip): Folgen einer Handlung sollen nach des in sich Guten, wie z.B. Wahrheit und Erkenntnis gefördert werden. Konkreter sind Folgen dann gut, wenn sie den Nutzen erhöhen und die Situation des Menschen verbessern.

- Das <u>Hedonismusprinzip</u>: Das Glück soll durch die Befriedigung menschlicher Bedürfnisse ermöglicht werden.

- Das <u>Sozialprinzip</u>: Es dient in diesem Sinn der Erreichung des größtmöglichen Glücks für alle, die von einer Handlung betroffen sind.

Spannend ist die Frage, wie zu handeln ist, wenn zwei Pflichten in Konflikt geraten. Hier schreibt der Utilitarismus vor, die Handlung zu wählen, die zu weniger negativen Auswirkungen und Leid führt bzw. zu mehr Glück. Im Beispiel des Polizisten, der einen Terroristen töten könnte, wäre der gezielte Schuss nach den Regeln des Utilitarismus moralisch gerechtfertigt, da durch den Tod einer einzigen Person das Leben vieler Personen gerettet werden kann. Auch wäre es im utilitaristischen Sinn in Ordnung, dem Gewalttäter das Versteck nicht zu nennen bzw. diesen anzulügen, um damit dem potenziellen Betroffenen wie auch seinen nahestehenden Personen Leid zu ersparen (Göbel, 2017). Wichtig ist, „das größte Glück der größten Zahl" im Auge zu behalten. Das Gute zeigt sich nicht beim Einzelnen, der die Handlung vornimmt, denn das entspräche dem Prinzip des Egoismus. Das wahre Glück zeigt sich bei diesem Ansatz in den Folgen für alle, die von der Handlung betroffen sind (Noll, 2013).

1.5 Vereinbarung der Pflichtenethik und des Utilitarismus mit der Stakeholder-Theorie

In Betrachtung der beiden vorgestellten Ansätze wird ersichtlich, dass sowohl der Utilitarismus als auch die Pflichtenethik in Unternehmen Anwendung finden sollten, auch in Verknüpfung mit dem Stakeholder-Ansatz. Als Grundlage für die Stakeholder-Theorie kann die Pflichtenethik herangezogen werden. Großteils zeigen sich im wirtschaftlichen Handeln Parallelen zum kategorischen Imperativ und vermehrt erstellen Unternehmen eigene Pflichtenkataloge, welche die Verhaltensregeln und Unternehmensprinzipien beinhalten (Gestring, Gonschorek, Haubold, Sonntag & Weth, 2016).

An einem aktuellen Beispiel soll nachfolgend erläutert werden, inwiefern die zwei unterschiedlichen Perspektiven unterschiedliche Verpflichtungen gegenüber den

Interessengruppen nahelegen würden. Die Corona-Pandemie zeigt Auswirkungen nicht nur auf das Individuum, sondern auch die gesamte Gesellschaft und auch Wirtschaft. Unternehmen werden vor neuen, teils unmöglichen und bisher unbekannten Herausforderungen gestellt. In Übertragung auf die Pflichtenethik und dem Utilitarismus können zwei Ansichten betrachtet werden (Rasche, 2020):

1) Pflichtethik:

   Da es sich um die Gefährdung menschlichen Lebens handelt, ist es gerechtfertigt, das gesellschaftliche Leben runterzufahren und persönliche Freiheit einzuschränken.

2) Utilitarismus:

   Genau eben diese Einschränkung persönlicher Freiheit zieht gravierende gesellschaftliche und wirtschaftliche Folgen nach sich, die schwerer wiegen als eine Gefährdung menschlichen Lebens, die nicht flächendeckend vorliegt.

Im Rahmen der Corona-Pandemie wurden Schutzmaßnahmen im öffentlichen Raum wie auch in der Arbeitswelt geschaffen, um die Ausbreitung auch dort einzugrenzen und zu verlangsamen. Zudem wurden Verhaltensregeln und -empfehlungen für das berufliche Umfeld entwickelt, beispielsweise die Pflicht zum Tragen einer Mund-Nasen-Bedeckung, das Einhalten des Mindestabstandes, nach Möglichkeit die Arbeit im Homeoffice zu verrichten, das Schaffen von kleinen festen Teams, das regelmäßige Desinfizieren von Oberflächen, dem Abhalten von Meetings per Telefon oder Videokonferenz (Bundesministerium für Arbeit und Soziales [BMAS], 2021).

Die Notwendigkeit der Schutzmaßnahmen führte zu Veränderungen in der Arbeitswelt. Prozesse der Digitalisierung wurden vorangetrieben, digitale Arbeitsformen und das Homeoffice wurden in vielen Unternehmen zum Normalfall (Lavanchy, Müller & Rafael, 2020). Die Studie „Digitale Arbeit während der Covid-19-Pandemie" kommt zu den Ergebnissen, dass Arbeit weniger wird, aber länger, private Anforderungen steigen, gegenläufige Entwicklungen bei digitalen Belastungsfaktoren teils steigen (Nicht-Verfügbarkeit von Technik, mangelnde Erfolgserlebnisse, Omnipräsenz), teils sinken (Unerfahrenheit im Umgang mit IT, Verunsicherung, Jobunsicherheit) und digitaler Stress im Homeoffice sehr individuell ist (Gimpel et al., 2020). Aus Unternehmenssicht wurde pflichtenethisch durch Einhalten der Schutzmaßnahmen richtig gehandelt, jedoch wird auch hier erneut erkennbar, dass die Folgen dessen, die in der Pflichtethik unberücksichtigt bleiben, Unternehmen wieder vor neuen Herausforderungen stellen. Das

Unternehmen gerät in ein Dilemma, denn obwohl es pflichtenethisch richtig gehandelt hat, entstehen neue Probleme, eben die, die der Utilitarismus einbezieht. Es entsteht somit ein Prozess, in dem jede Entscheidung neu abgewogen werden muss. Der Utilitarismus erwartet nämlich genau das: das Abwägen von guten Folgen gegen die schlechten. Letztendlich ist der Stakeholder-Ansatz, der die Interessen aller Handelnden einbezieht, mit Kants Pflichtethik gut vereinbar, bei den Folgen jedoch ist eine utilitaristische Herangehensweise sinnvoller. Welches Prinzip wann greift, ist situationsabhängig.

2 Globe-Studie von Robert House

Das zweite Kapitel der Arbeit thematisiert, welche Hypothese der amerikanische Leadership-"Guru" Robert House mithilfe der empirischen Daten der GLOBE-Studie beweisen wollte. Darauf aufbauend werden Empfehlungen aus dem Ergebnis für den erfolgreichen Manager in einer globalisierten Welt abgeleitet.

2.1 Inhalte der GLOBE-Studie

Die GLOBE-Studie (Global Leadership and Organizational Behavior Effectiveness) ist ein interkulturelles Forschungsprojekt, welches im Oktober 1993 von Robert House gegründet wurde (Koopman, Den Hartog & Konrad, 1999). Im Zentrum des Projektes steht die Forschungsfrage, inwieweit Kultur Einfluss auf die Führungseffektivität und Organisationskulturen von Unternehmen hat, bzw. in welchem Ausmaß Führung universell akzeptiert oder nur spezifisch von wenigen Kulturen angenommen wird (House, Hanges, Javidan, Dorfman & Gupta, 2004).

Die Studie teilt sich in insgesamt drei Phasen auf. In der **ersten Phase** (1993-1994) widmet sich die Studie der Suche nach Kulturdimensionen, mit denen Gemeinsamkeiten und Unterschiede der Kulturen identifiziert werden können (House et al., 2004; Javidan, Stahl, Brodbeck & Wilderom, 2005). In der **zweiten Phase** (1994-1997) werden mit diesen Kulturdimensionen Daten von 17.300 Managern aus 951 Organisationen im Bereich der Telekommunikation, Lebensmittel- und Bank Industrie in 621 unterschiedlichen Kulturen der Welt erhoben (House et al., 2004; Javidan et al., 2005). Nach Abschluss der Erhebung der Daten beginnt die **dritte Phase** (2000-2008), in der Analysen vorgenommen werden, um den Einfluss und die Effizienz spezieller Führungsstile auf die Einstellung der Mitarbeiter und deren Leistung in 25 Kulturen zu erforschen (Chhokar, Brodbeck & House, 2012; Koopman et al., 1999). Die Ergebnisse der dritten Phase finden sich in dem Werk "Culture and Leadership Across the World: The GLOBE Book of In-Depth Studies of 25 Societies" von Chhokar et al. (2012), einem zweiten Buch der GLOBE-Studie.

Zur Durchführung der Studie sind ein Forschungsteam (Bewältigung der drei Phasen) mit insgesamt 170 Forscherinnen und Forschern, ein Koordinationsteam (Koordinierung der Aktivitäten des Projektes) sowie ein Co-Forscherteam (Leitung des Projektes) beteiligt

(House et al., 2004). Um ausreichend deskriptive und dennoch valide Aussagen über den kulturellen Einfluss auf den Führungsstil und organisatorische Prozesse zu treffen, wenden die Forschungsteams sowohl quantitative als auch qualitative Methoden an. Quantitativ werden zum einen die Kultur (auf gesellschaftlicher und organisatorischer Ebene) und zum anderen die Führungsstil-Attribute gemessen. In den gleichen Kulturen wird zusätzlich qualitativ geforscht, indem Einzel- und Gruppeninterviews geführt werden. Eine Inhaltsanalyse der Interviews, Fokusgruppen und publizierten Medien ermöglicht eine kulturspezifische Interpretationen von lokalem Verhalten, Normen und Praktiken der jeweiligen Kultur (Koopman et al., 1999).

2.2 Ergebnisse der GLOBE-Studie

Aus der zweiten Phase der GLOBE-Studie gehen Kulturdimensionen hervor (Abbildung 2), die Gemeinsamkeiten und Unterschiede von Kulturen identifizieren und mithilfe eines Fragebogens und zwei Pilotstudien entwickelt werden. Die Fragen orientieren sich dabei an bisherigen Kulturstudien (House et al., 2004; Javidan et al., 2005).

Leistungsorientierung	Das Ausmaß, in dem Einsatz, persönliche Weiterentwicklung und hervorragende Leistungen gefördert und belohnt werden (Praktiken) bzw. gefördert und belohnt werden sollten (Werte)
Zukunftsorientierung	Das Ausmaß, in dem Verhaltensweisen wie z. B. vorausschauendes Planen, Investieren und Verzicht im Interesse des Wachstums gefördert werden (Praktiken) bzw. eingesetzt werden sollten (Werte)
Bestimmtheit	Das Ausmaß, in dem Nachhaltigkeit, Aggression oder Direktheit bei der Interaktion mit anderen gezeigt wird (Praktiken) bzw. gezeigt werden sollte (Werte)
Gleichberechtigung	Das Ausmaß, in dem Gleichartigkeit von Erwartungen an Männer und Frauen praktiziert wird (Praktiken) bzw. praktiziert werden sollte (Werte)
Gruppenbasierter Kollektivismus	Das Ausmaß, in dem einzelne Personen weniger für sich selbst einstehen (Praktiken) bzw. einstehen sollten (Werte) als für Gruppen
Institutioneller Kollektivismus	Das Ausmaß, in dem die kollektive Verteilung von Gütern und Leistungen durch institutionelle Regeln und Praktiken festgelegt wird (Praktiken) bzw. festgelegt werden sollte (Werte)
Machtdistanz	Das Ausmaß, in dem ungleichmäßige Machtverteilung in der Gesellschaft/Organisation besteht (Praktiken) bzw. bestehen sollte (Werte)
Humanorientierung	Das Ausmaß, in dem Fairness, Altruismus, Großzügigkeit, Fürsorge und Höflichkeit gefördert und belohnt werden (Praktiken) bzw. gefördert und belohnt werden sollten (Werte)
Unsicherheitsvermeidung	Das Ausmaß, in dem traditionelle Verhaltensweisen (wie z. B. Ordnung, Beständigkeit) und soziale Kontrolle (wie z. B. durch detaillierte Vorgaben) auf Kosten von Variation, Innovation und Experimentieren eingesetzt werden (Praktiken) bzw. eingesetzt werden sollten (Werte), um Ambiguitäten, die mit der Unvorhersehbarkeit zukünftiger Ereignisse verbunden sind, abzuschwächen

Abbildung 2: Kulturdimensionen nach GLOBE (Praktiken [as is], Werte [should be])
(Quelle: Brodbeck, 2016, S. 72)

Neben Kulturdimensionen suchte die GLOBE-Studie auch nach den Merkmalen erfolgreicher Führung. Identifiziert wurden hierbei die globalen Dimensionen charismatisch, teamorientiert, partizipativ, humanorientiert, autonomieorientiert und defensiv (Abbildung 3). Es zeigt sich, dass über alle Gesellschaften die Dimensionen „teamorientiert" (kollaborativ und diplomatisch) und „charismatisch" (visionär, integer, aber auch leistungsorientiert) stark geschätzt werden. Hingegen werden die Dimensionen „autonomieorientiert" und „defensiv" (selbstbezogen und konfliktorientiert, aber auch Gesicht wahrend) als weniger geeignet für eine erfolgreiche Führungskraft betrachtet (Brodbeck, 2016).

Globale Dimension	Definition	Primäre Dimensionen
Charismatisch	Das Ausmaß, in dem Mitarbeiter auf Basis positiver Werte und mit hohen Leistungserwartungen inspiriert und motiviert werden	Leistungsorientiert Visionär Inspirierend Integer Selbstaufopfernd Bestimmt
Teamorientiert	Das Ausmaß, in dem gemeinsame Ziele implementiert und Arbeitseinheiten (Teams) entwickelt werden	Teamintegrierend Kollaborativ Administrativ kompetent Diplomatisch Böswillig (recodiert)
Partizipativ	Das Ausmaß, in dem andere bei Entscheidungen beteiligt werden	Autokratisch (recodiert) Non-partizipativ (recodiert)
Humanorientiert	Das Ausmaß, in dem zwischenmenschlich unterstützend, fair, höflich und umsichtig agiert wird	Humanorientiert Bescheiden
Autonomieorientiert	Das Ausmaß, in dem unabhängig von anderen und in individueller Art und Weise agiert wird	Autonomieorientiert
Defensiv	Das Ausmaß, in dem selbstschützend und statusbewahrend agiert wird	Selbstbezogen Statusorientiert Konfliktorientiert Gesicht wahrend Bürokratisch

Abbildung 3: Globale und primäre Führungsdimensionen
(Quelle: Brodbeck, 2016, S. 136)

2.3 Empfehlungen für einen erfolgreichen Manager

Die aus der GLOBE-Studie hervorgehenden universellen Führungsmerkmale geben einem erfolgreichen Manager in einer globalisierten Welt Orientierung. Die aus Abbildung 3 globalen und primären Führungsdimensionen wurden im Rahmen der GLOBE-Studie nochmals bewertet (Abbildung 4). Daraus lassen Empfehlungen für einen „globalen Manager" aufstellen.

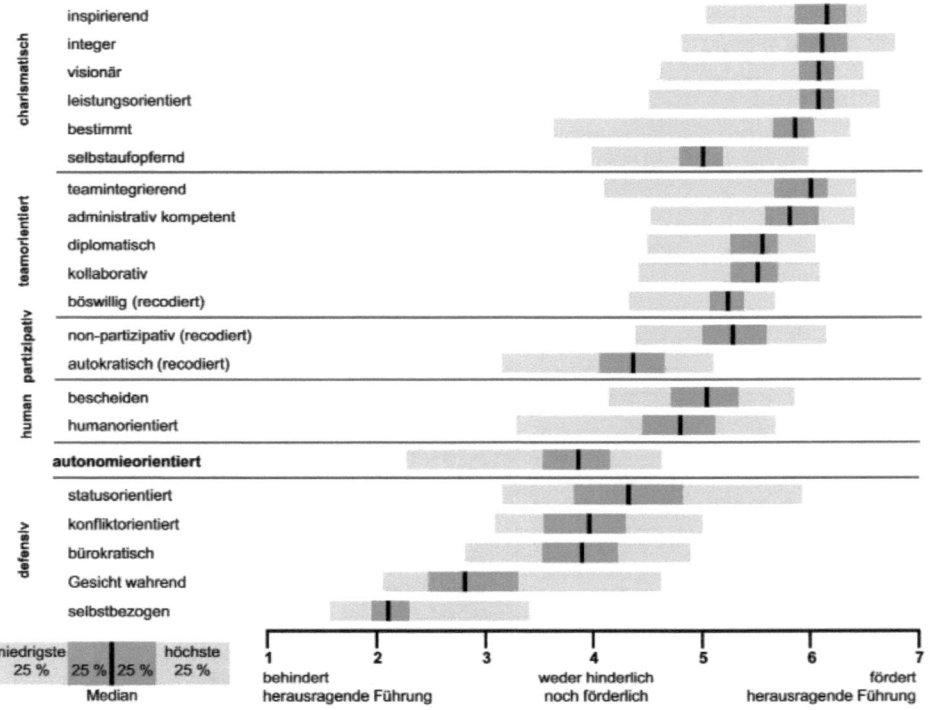

Abbildung 4: Weltweite Bewertung der 21 primären Führungsdimensionen
(Quelle: Brodbeck, 2016, S. 137)

Wenn ein Manager in einer globalen Welt erfolgreich sein möchte, ist grundlegend die Kompetenz kulturspezifische Überzeugungs- und Wertesysteme zu verstehen, unumgänglich. Nur so ist ein Manager in der Lage, die universellen Führungsmerkmale in den jeweiligen Kulturkontext übersetzen zu können. Ist Wissen über gesellschaftskulturelle Werte, welche für die Führungs- und Organisationskultur relevant sind, vorhanden, ist man eher in der Lage die kulturspezifischen Erwartungen an eine effektive Führungskraft zu erfüllen. Erfolgsversprechend ist außerdem eine Anpassung an landestypische Kulturstandards (Brodbeck, 2016).

Über kulturbedingte Führungskompetenzen hinaus spielen die aus Abbildung 4 kulturübergreifenden Führungsdimensionen eine entscheidende Rolle. Auffällig sind hierbei die globalen Dimensionen „charismatisch" und „teamorientiert". Mit einem Wert um die 6 sind diese beiden Führungsstile am positivsten bewertet. Ein Manager wird somit dann am meisten anerkannt, wenn er vor allem inspirierend, integer, visionär, leistungsorientiert, teamintegrierend sowie administrativ kompetent auftritt. Hingegen zeigen sich ein selbstbezogenes und Gesicht wahrendes Auftreten behindernd für eine erfolgreiche Führung.

3 Unternehmenskultur und Lernkultur unter Einbezug von Scheins 3-Ebenen-Modell und dem Lernmodell nach Agyris und Schön

Das letzte Kapitel der Arbeit differenziert die beiden Begriffe Unternehmenskultur und Lernkultur unter Einbezug von Scheins 3-Ebenen-Modell und dem Lernmodell nach Agyris und Schön. Sodann wird in diesem Kontext aufgezeigt, wie sich der Begriff der Enkulturation einordnen lässt. Der Unterschied von Enkulturation und Sozialisation wird erläutert und erklärt, welche Rolle in diesem Kontext Werte und kulturelle Praktiken spielen.

3.1 Unternehmenskultur und Lernkultur

Obwohl der Begriff Unternehmenskultur, der häufig synonym für Organisationskultur verwendet wird, seit mehr als 35 Jahren immerwährend ein wesentlicher Gegenstand der Betriebswirtschaftslehre ist, findet man in der Literatur keine einheitliche Definition. Kutschker und Schmid (2010) haben die verschiedenen Definitionen von Unternehmenskultur zusammengetragen, die in der nachfolgenden Abbildung aufgezeigt werden.

Autor	Auffassung der Unternehmenskultur
Deal/Kennedy (1982) S. 4 -19	„The way we do things around here." Zentrale Elemente der Kultur: Werte, Helden, Riten und Rituale, die das kulturelle Netz konstituieren und als Antwort auf die Umweltanforderungen interpretiert werden können.
Matenaar (1983) S. 46	Summe der systemimmanenten, tradierten Orientierungsmuster, die im Rahmen der aktuellen Gestaltung die präsituative, generalisierende Strukturierung zwischen Aufgaben, Personen und Sachmitteln beeinflussen.
Pümpin (1984) S. 20	Gesamtes gewachsenen Meinungs- Norm- und Wertgefüge, welches das Verhalten der Führungskräfte und Mitarbeiter prägt.
Heinen (1985) S. 987	Werte- und Normgefüge der Zweckgemeinschaft Unternehmung, das sich in der realisierten Haltung über Bräuche, Mythen, Rituale, Riten, formelle Zeremonien, Sprache und Bekleidung manifestiert. Werte bringen dabei Präferenzen für bestimmte Ziele, Normen bringen Regeln und Verhaltensvorschriften zum Ausdruck.
Schnyder (1988) S. 61	Soziokulturelles, immaterielles unternehmensspezifisches Phänomen, welches die Werthaltung, Normen und Orientierungsmuster, das Wissen und die Fähigkeiten sowie Sinnvermittlungspotentiale umfasst, die von einer Mehrzahl der Organisationsmitglieder geteilt und akzeptiert werden.
Hoffmann (1989) S. 169-170	Werte, Normen und Symbole einer Unternehmung, vom Menschen für Menschen geschaffen, um externe und interne Anforderungen zu erfüllen, wandelbar und vermittelbar.

Abbildung 5: Definitionen der Unternehmenskultur
(Quelle: Kutschker & Schmid, 2010, S. 686)

Den unterschiedlichen Begriffsbestimmungen ist überwiegend gemein, dass Unternehmenskultur als ein Phänomen beschrieben wird, das von Werten, Normen und Ritualen geprägt ist. Herget und Strobl (2018) nehmen dabei an, dass sich eben diese Glaubensvorstellungen bewusst, aber auch unbewusst, auf das Unternehmen oder deren Mitglieder auswirken. Werte können als bewusste oder unbewusste Vorstellungen der Mitglieder einer Gesellschaft verstanden werden. Sie zeigen zudem die Handlungsweisen auf, die erstrebenswert sind (Abels, 2009). Normen sind im Gegensatz zu Werten verbindlicher und regeln das Zusammenleben und machen das Leben planbar (Peuckert, 2004).

Wie wichtig Unternehmenswerte sind, zeigt die Studie von Guiso, Sapienza und Zingales (2013), die insgesamt 1.000 Unternehmen aus der Datenbank *Great Places to Work* umfasste. Es konnte ein deutlicher Zusammenhang zwischen dem finanziellen Erfolg der Unternehmen und ihren Unternehmenswerten festgestellt werden. Ausschlaggebend war dabei das Feedback der Mitarbeiter, dass die Unternehmenswerte auch tatsächlich gelebt werden. Ein Beispiel für ein Unternehmen, das seinen eigenen Werten Folge leistet, ist Ikea: „Wir sind der Meinung, dass alle Menschen etwas Wertvolles zu bieten haben, und dieser Wert leitet unsere Arbeit an" (Brooks, 2018). Ikeas vier wichtigste Unternehmenswerte sind (Brooks, 2018):

- **„Führen durch das gute Beispiel:** Unsere Manager versuchen, mit gutem Beispiel voranzugehen, und erwarten dasselbe von IKEA-Mitarbeitern.

- **Anders aus gutem Grund**: Wir sind anders aus gutem Grund. Wir haben den Mut, bisherige Lösungen zu hinterfragen, unkonventionell zu denken, zu experimentieren und auch «unternehmerische» Fehler zu machen.

- **Gemeinschaft und Leidenschaft**: Wir sind stark, wenn wir uns gegenseitig vertrauen, alle am gleichen Strang ziehen und Spaß an unserer Zusammenarbeit haben.

- **Verantwortung übertragen und übernehmen**: Wir sind davon überzeugt, dass es richtig ist, Menschen zu stärken, und dass jeder Einzelne, der sich weiterentwickeln möchte, viel bewirken kann."

Schreyögg und Koch (2020) merken an, dass sich eine Unternehmenskultur nicht aus den Ergebnissen von Entscheidungen herausentwickelt, sondern aus dem täglichen Zusammenspiel im Unternehmen, wobei die Grundlage für eine erfolgreiche Zusammenarbeit gelegt wird.

Schein (2010), der als Pionier in der Arbeit mit Unternehmenskultur betrachtet wird, definiert Organisationskultur als die „Summe aller gemeinsamen, selbstverständlichen Annahmen, die eine Gruppe oder eine Organisation in ihrer Geschichte bei der Bewältigung externer Aufgaben und beim Umgang mit internen Beziehungen erlernt hat, die sich bewährt haben und somit als bindend gelten, und die daher an neue Mitglieder als rational und emotional korrekter Ansatz für den Umgang mit Problemen weitergegeben werden." Dabei unterteilt er, wie in der Abbildung 6 dargestellt, die Organisationskultur in drei Ebenen (Drei-Ebenen-Modell oder Eisberg-Modell).

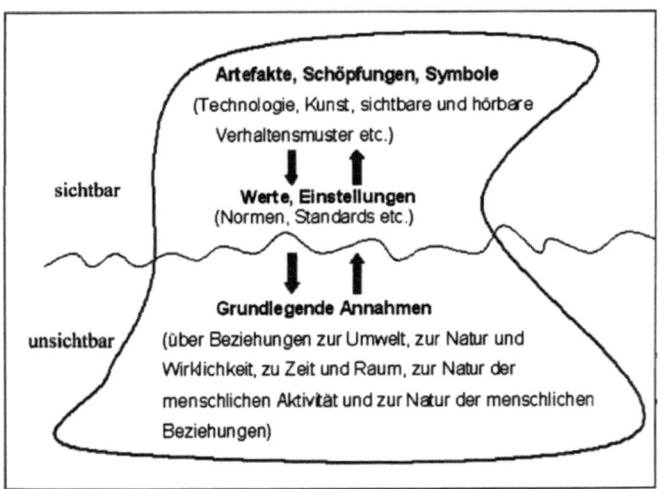

Abbildung 6: 3-Ebenenmodell nach Schein
(Quelle: Lang, 2009, S. 226)

Während die oberste Ebene für alle sichtbar ist und von außen gut beobachtet werden kann, sind die mittlere und untere Ebene wesentlich schwieriger bis gar nicht zu beschreiben.

In den grundlegenden Annahmen des Modells sind im Wesentlichen vier Aspekte verankert (Nerdinger, Blickle & Schaper, 2011, S. 145):

- **Beziehung zur Umwelt** (Prägt die Organisation ihre Umwelt oder muss sie sich nach dieser richten? Besteht ein ausgeglichenes Verhältnis?)

- **Natur der Wirklichkeit** (Sprach- und Verhaltensregeln, die die Wirklichkeit beschreiben, z.B. Ist nur „wirklich", was auch messbar ist?)
- **Natur der menschlichen Tätigkeit** (Welches Verhalten ist richtig? Aktiv vs. Passiv)
- **Natur der menschlichen Beziehungen** (Wie gehen die Mitglieder innerhalb der Organisation miteinander um?)

Die mittlere Ebene des Modells, die als teilweise sichtbar beschrieben wird, besteht aus Werten und Normen. Diese stellen das Resultat konkreter Wertvorstellungen und Verhaltensstandards dar und umfassen u.a. Regeln, Maxime, Verbote sowie Präferenzen. Unternehmenswerte und -normen werden von Mitgliedern einer Organisation bewusst oder unbewusst gelebt und geschätzt. Dementsprechend formen sie das Miteinander (Schreyögg & Koch, 2020).

Die oberste sichtbare Ebene, die Artefakte und beobachtbare Verhaltensweisen beinhaltet, ist das Ergebnis der ersten und zweiten Modellstufe. Bewusste Zeichen, Symbole oder Rituale, aber auch eine Kleidervorschrift, mögliche Umgangsformen, die Büroräume und -ausstattung und das Konfliktmanagement machen die Unternehmenskultur sichtbar. Hierunter fällt auch das Erzählen von Anekdoten oder Geschichten von z.B. der Firmengründung. Die sichtbare Kulturebene hilft dabei, den Menschen die Unternehmenskultur näher zu bringen und zugänglicher zu machen (Herget & Strobl, 2018; Schreyögg & Koch, 2020). Eine Studie der StepStone GmbH (2017) zeigt auf, dass für 93 Prozent der Teilnehmer die Unternehmenskultur und kulturelle Passung bereits bei der Jobsuche wichtig sind. Zudem geben fast die Hälfte der Jobsuchenden an, dass Cultural Fit ein wesentlicher Entscheidungsfaktor sei.

In Bezug auf Scheins 3-Ebenenmodell wird deutlich, dass eine Unternehmens- bzw. Organisationskultur als relativ stabil über die Zeit gilt und schwierig zu ändern ist (Sonntag, Schaper & Friebe, 2005). Das Konzept der Lernkultur ist ein Teil der Unternehmenskultur und weist einige Parallelen zur Unternehmenskultur auf. Sonntag et al. (2005) definieren Lernkultur „als Ausdruck des Stellenwertes, der dem Lernen im Unternehmen zukommt. Konkret handelt es sich um die Gesamtheit der Wertvorstellungen, Denkmuster, Handlungsweisen und Rahmenbedingungen einer Organisation und Ihrer Mitglieder hinsichtlich der Förderung und Pflege von Lernen im Unternehmen." An dieser Definition wird erkennbar, dass auch hierbei Wertvorstellungen, Denkmuster und Handlungsweisen von Bedeutung sind.

Im Gegenzug zur Unternehmenskultur berücksichtigt Lernkultur auch entsprechende Rahmenbedingungen, wie etwa strukturelle Bedingungen. Dazu zählen Aspekte der Organisationsstrukturen, Entgelt- und Anreizsysteme, Lernsituationen, Arbeitszeitregelungen, Informationsweitergabe und Wissensaustausch. Ein weiterer Teil der Lernkultur beschäftigt sich mit Aspekten einer lernförderlichen Personalentwicklung und Führung, sowie der Anpassung traditioneller und der Einbindung neuer Lernformen (Wagner, Seisreiner & Surrey, 2001).

Ein Unternehmen weist nach Argyris und Schön (2018) dann eine Lernkultur auf, wenn es fähig ist, organisational zu lernen. Es wird davon ausgegangen, dass die gesamte Organisation durch das Aneignen von Wissen durch ihre Mitarbeiter einen Lernprozess durchläuft. Organisationales Lernen findet somit dann statt, wenn sich einzelne Mitglieder der Organisation verschiedene Kompetenzen aneignen (Argyris & Schön, 2018). Ein Modell, das den theoretischen und praktischen Ansatz des organisationalen Lernens vereint, ist das von Argyris und Schön (2018).

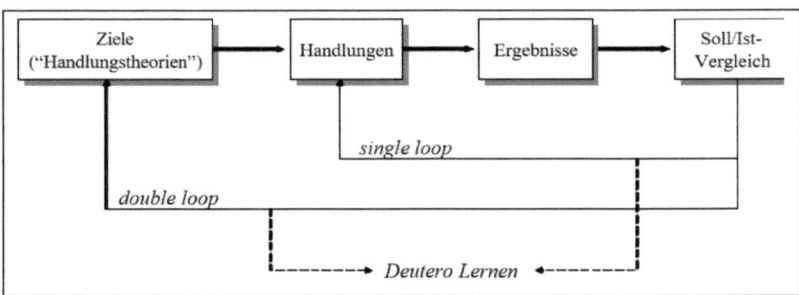

Abbildung 7: Lernmodell nach Argyris und Schön
(Quelle: Schreyögg & Kliesch, 2003, S. 53)

Argyris und Schön (2018) unterscheiden in ihrem Lernmodell drei Formen des organisationalen Lernens (Schreyögg & Koch, 2020):

1. **Single-Loop-Learning**, auch als Einkreislernen bezeichnet, dient lediglich der Optimierung bereits vorhandener Abläufe. Es kann somit als Anpassungslernen innerhalb eines vorgegebenen Rahmens verstanden werden. Dies geschieht ohne die unternehmenseigenen Grundüberzeugungen, Werte und Normen zu hinterfragen oder zu verändern, da die Störungskorrektur Ziel des Single-Loop-Learning ist. Das Unternehmen wird somit nicht in die Lage versetzt, von seiner aktuellen strategischen Ausrichtung abweichen zu müssen.

2. **Double-Loop-Learning,** auch Zweikreislernen genannt, bildet die Erweiterung des Single-Loop-Learning. Es sieht die Änderung einer strategischen Ausrichtung bzw. der grundsätzlichen Handlungsweisen vor, da die reine Optimierung der vorhandenen Abläufe nicht den erhofften Erfolg gebracht hat. Bevor eine Lösung erarbeitet werden kann, müssen vorerst die Problemursachen definiert werden. Ein Lernen findet erst statt, wenn alte Prozesse verlernt werden und es eine komplette Restrukturierung der Handlungsprozesses gibt, die anschließend von allen Organisationsmitgliedern adaptiert werden. Oft ist es ein langwieriger Prozess bis die neuen Handlungsprozesse von allen akzeptiert werden, da diese bei einzelnen Organisationsmitgliedern auf Widerstand stoßen.

3. **Deutero-Lerning** lehrt zu lernen. Dadurch soll besser und schneller auf Veränderungen reagiert und die Realisierung innovativerer Lösungswege ermöglicht werden. Hier wird Wissen über vergangene Lernprozesse gesammelt und kommuniziert, Lernverhalten wird reflektiert sowie Lernerfolge und -misserfolge werden thematisiert. Somit werden neue Formen des Lernens, neue Rahmenbedingungen wie auch neue Möglichkeiten geschaffen. Durch diesen feedback-orientierten Lernprozess sollen sich Organisationen stetig lernbereit halten.

Schlussfolgernd ist der Unternehmenserfolg in einem hohen Maße von der Unternehmenskultur abhängig. Eine ausgeprägte Lernkultur verhilft dem Unternehmen zu einem stetigen Erfolg. Nur, wenn eine Organisation alle drei Lernebenen von Argyris und Schön (2018) beherrscht, ist sie nach Franken (2019) langfristig gesehen lern- und wettbewerbsfähig. Dadurch ist sie nämlich nicht nur in der Lage ihre Prozesse an die Gegebenheiten der Umwelt anzupassen und bei Bedarf auch Prozessveränderungen durchzuführen, sondern auch innovative Prozesse zu entwickeln. Um am Markt erfolgreich zu sein, hat ein Unternehmen auch dafür Sorge zu tragen, neue Mitglieder der Organisation an die Kulturebenen und die Kultur des Unternehmens heranzuführen und einzuweisen (Franken, 2019). Im Zusammenhang hiermit steht der Begriff Enkulturation. Dieser soll nun näher betrachtet werden.

3.2 Enkulturation und Sozialisation

Der Begriff Enkulturation beschreibt den Prozess, in dem ein Individuum in die charakteristische Gesellschaft, die ihn umgibt, hineinwächst und deren Kultur übernimmt. Eine zentrale Rolle hierbei spielt das Erlernen kultureller Basisfähigkeiten, wie etwa Sprache, Bräuche und Riten. Enkulturation ist kein bewusster Prozess, eher werden Werte und Normen einer Kultur übernommen. Zudem findet eine Auseinandersetzung mit kulturadäquaten Rollenmodellen statt (Raithel, Dollinger & Hörmann, 2009). In Anlehnung an eine Unternehmenskultur, bedeutet dies, dass neue Organisationsmitglieder über eine Zeit hinweg die Organisationskultur adaptieren sowie Normen, Werte und die eigene Unternehmenssprache erlernen und übernehmen. Im weiteren Sinn wird in Bezugnahme von Scheins 3-Ebenen Modell von der obersten sichtbaren Ebene, die oftmals bereits bei der Bewerbung bewusst wird, bis zur unsichtbaren Ebene die Unternehmenskultur angeeignet. Je länger ein Mitglied Teil des Unternehmens ist, desto eher findet eine Enkulturation einer Person statt.

Das Konzept der Enkulturation schließt die Sozialisation ein. Sie beschreibt den Prozess der Vergesellschaftung des Menschen sowie die Entstehung und Entwicklung seiner Persönlichkeit durch die Gesellschaft. Dieser Vorgang liegt „in wechselseitiger Abhängigkeit zwischen Individuum und der gesellschaftlich vermittelten sozialen und materiellen Umwelt" (Raithel et al., 2009, S. 60). In Abgrenzung zur Enkulturation lässt sich Sozialisation als „Sozialwerden" in einem spezifischen Umfeld beschreiben, während Enkulturation als „Sozialwerden" im kulturellen, gesamtgesellschaftlichen Zusammenhang, verstanden wird (Raithel et al., 2009).

3.3 Zusammenhang zwischen Unternehmenskultur/Lernkultur und Enkulturation und Sozialisation

Eine Unternehmenskultur, die bestenfalls auch gelebt wird, ist für den Erfolg eines Unternehmens ausschlaggebend. Als Teil der Unternehmenskultur fördert und fordert die Lernkultur Unternehmensprozesse und alle damit involvierten Beteiligten. Eine Unternehmenskultur wird von Grundannahmen, Werten, Normen wie auch Artefakten geprägt und erfordert von allen Organisationsmitgliedern Akzeptanz, um ein vielversprechendes Zusammenleben und Zusammenarbeiten zu ermöglichen. Notwendig ist dabei die Sozialisation im gesamten Leben des Einzelnen, aber auch die Enkulturation bezüglich der unbewussten Aneignung der Unternehmenskultur, v.a. was das organisationale Lernen angeht, um so die Werte und Normen des Unternehmens zu erhalten. Die Anpassung an eine Unternehmenskultur ist bei einem Individuum dann am wahrscheinlichsten, wenn Parallelen zu den eigenen Werten und Normen gezogen werden können. Soll eine Änderung der Unternehmenskultur herbeigeführt werden, müssen zunächst die Grundannahmen und -prinzipien, die in vielen Fällen tiefgreifend sind, reflektiert und hinterfragt werden. Erst dann kann eine Änderung stattfinden und weitergegeben werden, bis eine automatische Aufnahme der (neuen) Unternehmenskultur durch Enkulturation erfolgt.

Literaturverzeichnis

Abels, H. (2009). *Einführung in die Soziologie. Band 1: Der Blick auf die Gesellschaft* (4. Aufl.). Wiesbaden: VS Verlag für Sozialwissenschaften / GWV Fachverlage GmbH Wiesbaden. https://doi.org/10.1007/978-3-531-91994-2

Altenburger, R. & Mesicek, R. H. (2016). *CSR und Stakeholdermanagement*. Berlin, Heidelberg: Springer Berlin Heidelberg. https://doi.org/10.1007/978-3-662-46560-8

Anzenbacher, A. (2012). *Einführung in die Ethik* (4., durchgesehene und aktualisierte Auflage). Ostfildern: Patmos-Verl.

Argyris, C. & Schön, D. A. (2018). *Die lernende Organisation. Grundlagen, Methode, Praxis* (Management-Klassiker, Sonderausgabe Management-Klassiker). Stuttgart: Schäffer-Poeschel Verlag.

Bentham, J., Burns, J. H. & Hart, H. L. A. (1988). *A fragment on government* (Cambridge texts in the history of political thought, New authoritative ed.). Cambridge England, New York: Cambridge University Press. Retrieved from http://www.loc.gov/catdir/description/cam023/88001729.html

Breuer, W., Breuer, C. & Seyfriedt, T. (Gabler Wirtschaftslexikon, Hrsg.). (2018). *Stakeholder-Ansatz. Ausführliche Definition im Online-Lexikon*. Zugriff am 29.08.2021. Verfügbar unter: https://wirtschaftslexikon.gabler.de/definition/stakeholder-ansatz-46282/version-269567

Brink, A. & Karitzki, O. (Hrsg.). (2004). *Unternehmensethik in turbulenten Zeiten. Wirtschaftsführer über Ethik im Management*. Bern: Haupt.

Brodbeck, F. C. (2016). *Internationale Führung. Das GLOBE-Brevier in der Praxis* (Die Wirtschaftspsychologie, 1. Auflage 2016). Berlin, Heidelberg: Springer. https://doi.org/10.1007/978-3-662-43361-4

Brooks, R. (Peakon GmbH, Hrsg.). (2018). *10 Unternehmen, deren Werte wirklich ihre Unternehmenskultur widerspiegeln*, Peakon GmbH. Zugriff am 04.09.2021. Verfügbar unter: https://peakon.com/de/blog/diversitaet-chancengerechtigkeit-und-inklusion/beste-unternehmenswerte/

Bundesministerium für Arbeit und Soziales. (2021). *SARS-CoV-2-Arbeitsschutzstandard*. Zugriff am 31.08.2021. Verfügbar unter: https://www.bmas.de/SharedDocs/Downloads/DE/Arbeitsschutz/sars-cov-2-arbeitsschutzstandard.pdf?__blob=publicationFile&v=1

Chhokar, J. S. S., Brodbeck, F. C. C. & House, R. J. J. (2012). *Culture and Leadership Across the World. The GLOBE Book of In-Depth Studies of 25 Societies*. Hoboken: Lawrence Erlbaum Associates. Retrieved from http://gbv.eblib.com/patron/FullRecord.aspx?p=321533

Conrad, C. A. (2020). *Wirtschaftsethik. Eine Voraussetzung für Produktivität* (Lehrbuch, 2., erweiterte und vollständig überarbeitete Auflage). Wiesbaden, Germany: Springer Gabler.

Digitales Wörterbuch der deutschen Sprache (Berlin-Brandenburgischen Akademie der Wissenschaften, Hrsg.). (2021). *Ethik*. Zugriff am 30.08.2021. Verfügbar unter: https://www.dwds.de/wb/Ethik

Donaldson, T. & Preston, L. E. (1995). The Stakeholder Theory of the Corporation: Concepts, Evidence, and Implications. *Academy of Management Review, 20*(1), 65–91. https://doi.org/10.5465/AMR.1995.9503271992

Fassin, Y. (2009). The Stakeholder Model Refined. *Journal of Business Ethics, 84*(1), 113–135. https://doi.org/10.1007/s10551-008-9677-4

Franken, S. (2019). *Verhaltensorientierte Führung. Handeln, Lernen und Diversity in Unternehmen* (Lehrbuch, 4., vollständig überarbeitete Auflage). Wiesbaden: Springer Gabler.

Freeman, R. E. (2010). *Strategic management. A stakeholder approach*. Cambridge: Cambridge University Press. https://doi.org/10.1017/CBO9781139192675

Friske, C., Bartsch, E. & Schmeisser, W. (2005). *Einführung in die Unternehmensethik: erste theoretische, normative und praktische Aspekte. Lehrbuch für Studium und Praxis* (Schriften zum internationalen Management, Bd. 12, 1. Aufl.). München: Hampp. Verfügbar unter: http://deposit.dnb.de/cgi-bin/dokserv?id=2641824&prov=M&dok_var=1&dok_ext=htm

Gestring, I., Gonschorek, T., Haubold, A.-K., Sonntag, R. & Weth, R. von der (Hrsg.). (2016). *Ethik im Mittelstand. Grundlagen und Instrumente zur praktischen Umsetzung* (1. Aufl. 2016). Wiesbaden: Springer Fachmedien Wiesbaden. https://doi.org/10.1007/978-3-658-09552-9

Gimpel, H., Bayer, S., Lanzl, J., Regal, C., Schäfer, R. & Schoch, M. (2020). Digitale Arbeit während der COVID-19-Pandemie: Eine Studie zu den Auswirkungen der Pandemie auf Arbeit und Stress in Deutschland.

Göbel, E. (2017). *Unternehmensethik. Grundlagen und praktische Umsetzung* (Unternehmensführung, 5., überarbeitete und aktualisierte Auflage). Konstanz,

München: UVK Verlagsgesellschaft mbH; UVK/Lucius. Verfügbar unter: http://www.utb-studi-e-book.de/9783838587103

Guiso, L., Sapienza, P. & Zingales, L. (2013). *The value of corporate culture* (Discussion paper series / Centre for Economic Policy Research Financial economics, vol. 9716). London: Centre for Economic Policy Research.

Herget, J. & Strobl, H. (Hrsg.). (2018). *Unternehmenskultur in der Praxis. Grundlagen – Methoden – Best Practices* (1. Auflage 2018). Wiesbaden: Springer Fachmedien Wiesbaden. https://doi.org/10.1007/978-3-658-18565-7

Holzmann, R. (2019). *Wirtschaftsethik* (Studienwissen kompakt, 2. Aufl. 2019). Wiesbaden: Springer Fachmedien Wiesbaden. https://doi.org/10.1007/978-3-658-23460-7

House, R. J., Hanges, P. J., Javidan, M., Dorfman, P. W. & Gupta, V. (2004). *Culture, leadership, and organizations: The GLOBE study of 62 societies*. Sage publications.

Javidan, M., Stahl, G. K., Brodbeck, F. & Wilderom, C. P. M. (2005). Cross-border transfer of knowledge: Cultural lessons from Project GLOBE. *Academy of Management Perspectives*, *19*(2), 59–76.

Kant, I. (2020). *Die Metaphysik der Sitten*. Tegernsee: Boer Verlag.

Koopman, P. L., Den Hartog, D. N. & Konrad, E. (1999). National culture and leadership profiles in Europe: Some results from the GLOBE study. *European journal of work and organizational psychology*, *8*(4), 503–520.

Küpper, H.-U. (2018). Unternehmensethik. Ein umstrittener Gegenstand betriebswirtschaftlicher Forschung und Lehre. In *Ideengeschichte der BWL : ABWL, Organisation, Personal, Rechungswesen und Steuern* (S. 49–70). Wiesbaden: Springer Gabler.

Kutschker, M. & Schmid, S. (2010). *Internationales management*. Oldenbourg Verlag.

Lang, R. (2009). Besonderheiten mitteleuropäischer Unternehmenskultur im Vergleich Deutschland - Polen - Tschechien. In (S. 225–248).

Lavanchy, M., Müller, B. & Rafael, L. (2020). Corona beschleunigt Digitalisierung der Arbeit. *Die Volkswirtschaft*, (6), 15–17. Zugriff am 31.08.2021. Verfügbar unter: https://lavieeco.ch/content/uploads/2020/05/07_Mueller_Lalive_Lavanchy_DE.pdf

Nerdinger, F. W., Blickle, G. & Schaper, N. (2011). *Arbeits- und Organisationspsychologie. Mit 34 Tab* (Springer-Lehrbuch, 2., überarbeitete Auflage). Berlin, Heidelberg: Springer-Verlag Berlin Heidelberg. https://doi.org/10.1007/978-3-642-16972-4

Noll, B. (2013). *Wirtschafts- und Unternehmensethik in der Marktwirtschaft* (2., aktualisierte und überarb. Aufl.). Stuttgart: Kohlhammer.

Peuckert, R. (2004). *Familienformen im sozialen Wandel* (UTB für Wissenschaft Soziologie, Bd. 1607, 5., überarb. und erweiterte Auflage). Wiesbaden: VS Verlag für Sozialwissenschaften. https://doi.org/10.1007/978-3-322-92467-4

Phillips, R., Freeman, R. E. & Wicks, A. C. (2003). What Stakeholder Theory is Not. *Business Ethics Quarterly, 13*(4), 479–502. https://doi.org/10.5840/beq200313434

Poeschl, H. (2013). *Strategische Unternehmensführung zwischen Shareholder-Value und Stakeholder-Value.* Zugl.: Trier, Univ., Diss., 2010. Wiesbaden: Springer-Gabler.

Raithel, J., Dollinger, B. & Hörmann, G. (2009). *Einführung Pädagogik. Begriffe, Strömungen, Klassiker, Fachrichtungen* (3. Aufl.). Wiesbaden: VS Verlag für Sozialwissenschaften / GWV Fachverlage GmbH Wiesbaden. https://doi.org/10.1007/978-3-531-91828-0

Rasche, M. (2020). *Corona-Virus: Pflichtethik vs. Folgenethik.* Zugriff am 31.08.2021. Verfügbar unter: https://michaelrasche.eu/corona-virus-ethik/

Renz, P. S., Frischherz, B. & Wettstein, I. (2015). *Integrität im Managementalltag. Ethische Dilemmas im Managementalltag erfassen und lösen.* Berlin: Springer Gabler. https://doi.org/10.1007/978-3-662-44418-4

Schein, E. H. (2010). *Organisationskultur. The Ed Schein corporate culture survival guide* (EHP-Organisation, 3. Aufl.). Bergisch Gladbach: EHP.

Schreyögg, G. & Kliesch, M., Reuther, U. (Mitarbeiter) (Arbeitsgemeinschaft Betriebliche Weiterbildungsforschung e. V, Hrsg.). (2003). *Rahmenbedingungen für die Entwicklung Organisationaler Kompetenz.* Zugriff am 05.09.2021. Verfügbar unter: file:///C:/Users/Elena/AppData/Local/Temp/Rahmenbedingungen_fur_die_Entwickl ung_Organisation.pdf

Schreyögg, G. & Koch, J. (2020). *Management. Grundlagen der Unternehmensführung* (8., vollst. überarb. Auflage 2020). Wiesbaden: Springer Fachmedien Wiesbaden. https://doi.org/10.1007/978-3-658-26514-4

Schüz, M. (2017). *Angewandte Unternehmensethik. Grundlagen für Studium und Praxis* (Always learning). Hallbergmoos: Pearson Deutschland GmbH.

Schwendemann, W., Trillhaas, S., Geiler, J. & Gottschalk, E. (2017). *Pflegeethik - auch das noch! Eine qualitativ-empirische Studie zur Professionsethik in den*

Pflegeberufen (Materialien der AG SPAK, M 317, 1. Auflage). Neu-Ulm: AG SPAK. Arbeitsgemeinschaft sozialpolitischer Arbeitskreise.

Sonntag, K., Schaper, N. & Friebe, J. (2005). Erfassung und Bewertung von Merkmalen unternehmensbezogener Lernkulturen. In *Kompetenzmessung im Unternehmen : Lernkultur- und Kompetenzanalysen im betrieblichen Umfeld* (S. 19–339). Münster [u.a.]: Waxmann.

StepStone GmbH, Hermann, A. & Pela, P. (Mitarbeiter) (StepStone GmbH, Hrsg.). (2017). *Jobsuche im Fokus. StepStone Recruiting Insights,* StepStone. Zugriff am 05.09.2021. Verfügbar unter: https://www.stepstone.de/hr-studies/stepstone-jobsuche-im-fokus.pdf

Tokarski, K. O. (2008). *Ethik und Entrepreneurship.* Zugl.: Wuppertal, Univ., Diss., 2008. Gabler, Wiesbaden.

Wagner, D., Seisreiner, A. & Surrey, H. (2001). *Typologie von Lernkulturen in Unternehmen.* QUEM-report (73). Berlin. Verfügbar unter: http://hdl.handle.net/10419/105468